行書 千字文

千字文

一山 張 大 德 編著

이 책의 構成에 관하여

※ 이번에 내놓은 千字文은 해서, 행서, 초서 세 권이다.
따라서 篇首에 기록된 敍事文의 내용을 모두 해, 행, 초를 아울러 설명한 기술내용이 각 권에 모두 포함되어 있음을 참고하기 바람.

一. 해서는 도해를 보면서 초학자가 간과할 수 있는 부분을 모두 짚어 놓았기 때문에 이 한 권을 통하여 결구법을 완성할 수 있도록 상세하게 설명해 놓았다.

一. 도해가 지니고 있는 효과는 반복되는 설명으로써 서체의 결구와 필법을 여러번 각인시켜서 초학자의 뇌리에 자리잡을 수 있도록 하였으므로 이 책의 특징이라 할 수 있다.

一. 해서는 안진경 필법과 구양순 필법의 장점을 취하여 노봉과 장봉, 골과 육, 내함, 향배 등의 기법이 함께 표현되어 있어 다양한 필법을 공부할 수 있게 하였다.

一. 해서는 필자가 후학을 지도하기 위하여 써놓았던 것으로써 풍화마멸과 같은 초학자가 겪어야 할 난관을 피할 수 있게 하였고 고법을 준수하였기 때문에 고전의 길잡이가 되고 있다.

一. 행서는 왕희지 필법을 취하였으며 그 서체가 전해져 오는 과정에서 빚어진 후대인이 행한 쪽자, 짜깁기 등을 거치면서 다소 무리한 글씨 모양으로 변해진 부분을 바로 잡았다.

一. 행서는 왕희지 서체를 후대인이 집자하는 과정에서 여러 곳에서 발견되고 있는 다소 이해할 수 없는 결구가 드러난 부분에 있어서는 왕희지 필법을 근거로 하여 필자의 서체로 고쳐 써서 초학자가 이해하기 쉽게 해놓았다.

一. 해서와 행서는 그 서체의 크기를 초학자의 관점에서 보려고 노력하였으며 미세한 부분까지 들여다 볼 수 있게 적당한 크기로 배열했기 때문에 여타의 천자문에서는 찾아볼 수 없는 특징이라 할 수 있다.

一. 행서는 왕희지 서체를 기본으로 하여 운필의 자연스런 연결로 전체 흐름을 쉽게 볼 수 있도록 써놓았기 때문에 초학자가 비(碑)첩에서 겪어야 할 어려움을 가볍게 해소할 수 있게 하였다.

一. 초서는 지영이 필법의 엄숙함을 보여주기 위하여 사명을 가지고 후세에 전한 것으로써 모든 점획, 결구에 성실함이 배어있다.

一. 초서는 작은 글씨를 확대해 놓았기 때문에 지영의 표현과 기법을 쉽게 찾아볼 수 있어서 학습에 많은 도움이 되도록 하였다.

一. 초서는 지영의 인품과 필법을 篇首에 자세히 설명하여 초학자가 書의 역사와 이론의 지식을 넓힐 수 있도록 하였다.

一. 이 「智永草書千字文」을 성실히 습득하고 나면 여타의 초서로 나아가는 길잡이가 될 수 있기 때문에 그로써 필수과목으로 이 「지영초서천자문」을 채택하게 되었다.

차 례

이 책의 構成에 관하여	7
머리말	9
千字文의 탄생과 배경	12

머리말

서예란 글씨를 쓰는 사람이 그 마음에서 일어나는 감정을 정해진 필법에 따라 筆毛를 테크니컬하게 운용하여 지면에 글씨로 표현하는 예술이다. 그 기술적인 면에서는 붓털 한 올 한 올이 미세하게 일으키는 작용을 얼마나 잘 운용하느냐에 따라 기술의 高下가 드러나게 된다. 또한 그 정신적인 면에서는 세속적 한계를 뛰어 넘어 자연의 변화와 하나 되어 天然, 神風의 경지에 이르는 것을 최고라 한다.

현대에 와서 과학의 기술은 날로 발전하여 첨단화 되었으며 앞으로 최첨단에 이어 인류가 어떤 세계에서 살게 될지 가늠할 수가 없다. 그런데 여타의 예술 분야는 잘 모르겠지만 이 서예 분야를 놓고 볼 때 최고란 첨단시대인 현대가 아니라 옛날, 그것도 아주 먼 옛날로 거슬러 올라가야 만나 볼 수 밖에 없다. 그 이유가 무엇일까. 인간은 이 세상에 나오면서부터 먹고사는 문제에 직면하게 되고 편리함을 추구하게 되면서 두뇌가 그쪽으로 치우쳐 진화 돼 온 때문이 아닐까 생각한다. 만약 서예가 현대에서 먹고사는 문제와 직결되어 있다면 중국은 물론 우리나라와 일본에서 고대를 뛰어넘는 서예가가 나왔지 않았을까 생각해 본다. 요즘처럼 치열한 경쟁사회에서는 그럴싸한 직장 하나 갖고 있는 것만으로도 승자인데 그 안에서 또 치열한 경쟁에서 살아남아야 승자가 된다고 하니 참으로 안타깝기만 하다. 80년도쯤에 벌써 TV에서 「일류가 아니면 살아남을 수 없다」하는 선전을 보았는데 요즘의 이류 삼류는 어떻게 살고 있는지 짐작이 된다.

이러한 실정에서는 서예에 관심을 갖는다는 것은 저 경쟁의 외곽에 있는 사람이라야 가능하지 않을까 생각할 수 있다. 그러나 꼭 그렇지 만은 않다. 2020년, 요즘 TV에선 워라밸, (Work and Life Balance)이라고 하는 워딩을 심심찮게 보게 된다. 즉 "일과 개인의 삶 사이의 균형"을 말하는 것이다. 우리나라가 7, 80년도 산업화시대엔 오직 살아남는게 문제였을지 모르지만 요즘에 와서는 어떻게 살아가느냐 하는 긍정과 철학의 생활 방식으로 흐르는 것을 느낄 수 있다. 지금까지 그토록 치열하게 살아왔으면 이제 우리도 그 보상으로 잠깐씩 쉴 자격이 있다. 일과 삶 사이의 밸런스를 누가 가져다주는 것이 아니라면 스스로 찾아 나서야 한다. 나도 모르는 사이에 찾아오는 스트레스라는 녀석은 의사의 말을 빌리지 않아도 얼마나 무서운 것인지는 모두가 알고 있는 사실이다.

워라밸은 개인의 취향에 따라 그 방법이 다르겠지만 여러 가지 방법 중에 한 가지를 권장한다면 이 서예도 좋을듯하다. 요즘 사회의 시스템에서는 바쁜 와중에도 각자의 일정에 따라 개인에게 주어지는 자유시간이 있는 것으로 안다. 그 시간에 차 한 잔 앞에 놓고 은은한 묵향을 맡으며 고전 속에 빠져들다 보면 문득 고전과 내가 하나가 되어 나도 모르는 사이에 옛사람과 동화되어 있는 나를 발견하게 된다. 옛 것이란 오늘의 시각에서 보면 언제나 꾸밈없는 순수함으로 다가오기 마련이다. 그래서 요즘처럼 치열하고 힘들 때엔 붓을 잡고 그 순수에 젖어보는 것도 하나의 힐링이 될 것이다.

여기서 말하는 고전이란 중국의 周, 漢시대와 南北朝 그리고 隋, 唐시대에 이르기까지 수많은 碑文과 法帖을 말하는 것이다. 그 시대엔 篆, 隸, 楷, 行, 草, 이른바 五體로 불리는 유명한 고전 자료가 엄청나게 많다. 당시의 인물과 서체는 지면상 일일이 다 기술할 수는 없지만 그 시대의 서체를 나중에 하나하나 찾아보고 참고하길 바란다. 이에 해당되는 대부분의 자료는 도서출판 「우람」에서 초학자에게 기본이 되는 중요한 자료만 선정하여 모두 출간해놓았다. 이 모두를 인사동 필방에 가면 쉽게 구할 수 있다. 특히 이번에 출간하기로 한 智永의 「眞草千字文」은 초급자와 중급 이상의 독자층을 위하여 楷書와 草書를 함께 엮어 편찬하기로 하였다.

머 리 말

중국 名家의 서체로 된 천자문은 隋나라때 智永의 眞草千字文과 唐나라때 懷素의 草書千字文이 있는데 그 중에 지영의 천자문을 채택하게 된 이유는 그 자신이 제자들과 후세에 필법을 가르치고자 하여 한 점 한 획에 그 마음을 담아서 충실하게 쓴 기본 필법이기 때문이다. 그의 생애와 필법에 대해서는 뒤편에서 자세하게 설명해놓았다. 근대에 우리나라에서는 한석봉 천자문이 세간에 널리 퍼져서 漢字공부를 하는 사람에게는 빼놓을 수 없는 책이기도 했으나 문교부 선정 실용한자가 제정되면서 부터는 찾아보기 쉽지 않게 되었다. 여기서 잠시 한석봉 천자문에 관해서 짚어 보고자 한다.

朝鮮중기 宣祖때 韓濩는 정확한 지위에 관해서는 알 수 없으나 임진왜란 당시에 외교문서를 모두 맡아서 썼다고 하였으며 중국 사람에게 칭찬을 받기도 했다. 그의 호는 石峯이며 중국 東晉시대의 왕희지 서체에 매료되어 일생동안 그 글씨를 임서하여 당시에 명필이란 소리를 들었다. 그 시대에 중국에선 趙孟頫라는 사람이 또한 명필로 그 이름을 떨치고 있었다. 그의 호가 松雪이므로 그 글씨를 松雪體라 부른다. 그 송설체는 고려 말에 들어와서 조선 초에 이르는 무려 200여 년 동안을 글씨의 모범으로 풍미하고 있었다. 그 무렵 학계에 커다란 변화의 바람이 불어 닥쳤다. 宋나라 程子, 朱子 등의 학자들이 主唱하는 宋學(性理學)이 조선에 들어오게 된 것이다. 초기에는 그 학파의 목소리가 크지는 않았으나 조선조 후기에 와서는 성리학파가 세력을 넓혀 가더니 마침내 정계와 학계에 강력한 기반을 확립하게 된다.

그들이 주창하는 학설의 요점을 간략하게 설명하자면 사람은 태어날 때부터 하늘로부터 性을 부여 받게 되는데 하늘(자연)이 스스로 일으키는 모든 현상을 性(道)이라 보고 그 현상이 일어나게 된 이치를 理라고 보았다. 이 모든 현상의 이치에는 태초부터 陰陽이라는 대립적 氣가 작용하면서 온갖 조화를 일으킨다는 것이다. 그러한 자연현상을 하늘의 性이라 하였고 그 性을 부여 받아 성실히 따르는 것이 사람의 性이라는 것이다. 하늘의 性이 모든 만물의 생성을 영원히 주재할 수 있는 것은 公平無私함이고 사람이 그 性을 온전히 따르는 것은 그 公平無私를 실행하는 것이다. 다시 말해서 자연이 하는 일은 사사로움이 없이 모든 만물을 생성하여 공평하게 주재 한다는 것이며 사람도 그것을 본받아 사심 없이 性(양심)을 따라 살게 되면 천하가 태평하다는 말일 것이다.

그러나 그들이 주창하는 이론은 마음을 다스리는 방법으로는 대단히 체계 있고 깊이 있는 철학적 학설이기는 하나 정치 경제 사회 문화의 광범위한 분야를 경영하는 데에 있어서는 현실의 벽을 넘을 수가 없었다. 더욱이 공평무사를 실천한다는 그들의 마음속에서 끊임없이 일어나고 있는 사욕을 합리화 하려는 이중성이 그들만의 논리에 편향되어 다른 모든 학설과 문화를 배척하는 데에 이르게 된다. 이러한 사회 풍토가 만연하면서 자유로운 문화활동을 할 수 없게 되자 서예를 비롯한 모든 예술의 창의성을 발휘할 수 없게 되고 따라서 서예의 발전은 후퇴하게 되었다. 특히 서예는 중국을 오가며 역대 명품 서체를 많이 들여와서 연구 발전시켜도 모자랄 판에 당시의 경색된 구조 하에서는 그럴 의지도 뒷받침도 없었을 것이다. 그에 더하여 세간에 퍼져있는 왕희지 글씨나 송설체는 수많은 손을 거치면서 이미 저속하게 변질되어 버렸다.

이러한 상황 속에서는 한석봉 역시 심하게 훼손된 서체를 따라 공부했을 것으로 볼 수밖에 없다. 따라서 운치와 품격이 떨어진다는 세평을 감수해야 했던 것이다. 한석봉 어머니가 밤에 불을 꺼놓고 「나는 떡을 썰테니 너는 글씨를 쓰거라」 했다는 일화는 한석봉을 미화하여 교육용으로 선정된 자료에 불과하다. 일반 사람

머 리 말

들이 달필이라고 하는 것은 글씨를 많이 써서 능하다는 것이다. 누구나 수십 년 글씨를 쓰다보면 대개는 달필이 될 수 있을 것이다. 그러나 품격과 격조를 갖춘 서예는 일반 사람이 보기에는 오히려 촌스러운 글씨로 보일 수도 있다. 모든 예술이 보는 사람의 안목에 따라 그 평가는 큰 차이를 보이게 된다. 그것이 한석봉의 글씨에 대한 세평과 전문가의 평이 다른 이유이기도 하다. 그러나 그가 달필인 것만은 분명하다. 만약에 한석봉 천자문이 그가 직접 쓴 진본이라고 한다면 엄청난 역사적 보물로 대접받을 것이다. 그러나 그것은 후세의 어떤 사람에 의해서 조작된 것이기 때문에 서예교본으로 쓰여지지 않게 되었다.

이 천자문은 일천자 중에 한 자도 겹쳐진 자가 없으며 운율을 갖춘 四字句 형식으로 되어 있어서 암송하기에 좋게 엮어 놓았다. 그러므로 漢字공부에는 빼놓을 수 없는 필수 책이라 하겠다. 다만 그 글씨의 서체 또한 역대 유명 서체로 되어 있다면 그 내용만큼이나 필수의 책이 되었을 것이지만 그렇지 못한 점은 참으로 불행이라 할 수밖에 없다.

이러한 현 실태를 매우 안타깝게 생각하고 있는 사람이 있다. 그는 도서출판 「우람」의 손진하 대표이다. 서예 전문서적을 출판하고 있는 그로서는 역사적으로 전통 있는 이 천자문이 한자공부는 물론 서예교본으로 선택받지 못하고 사라져가는 실태를 보고 느껴지는 바가 있었으며 그로 인하여 역대 명가의 서체로 된 천자문의 존재 여부를 필자에게 문의하게 이른다. 그리하여 초서로 된 지영의 진초천자문과 회소의 초서천자문이 있다는 사실을 알게 되면서 바로 결단을 내리게 되었다. 마침 「우람」에서 내놓은 많은 책 중에 초서로 된 책은 아직 나온 바가 없다. 그러므로 그 책을 만들어 보고자 하는 생각을 하고 있던 차에 이러한 결론에 이르게 된 것이다.

이번에 만들어지는 천자문은 필자의 서체(해·행)로 만들어진 초학용 천자문(상·하)과 다음으로 나올 지영의 초서를 주축으로 한 「지영초서천자문」에는 그 초서 옆에 지영 해서도 함께 써 놓았다. 그러므로 주축이 된 초서가 무슨 字인지 알아볼 수 있게 하기 위한 자료로만 쓰여졌다. 그 대신 초학자가 따라 쓸 수 있는, 해서로 된 부분에는 필자의 졸필로 꾸며 놓았다. 거기엔 그럴 수밖에 없는 이유가 있다. 지영의 진서는 해서이면서도 행서에 가깝고 남북조 시대의 잔풍이 남아 있어서 요즘의 正字와 비교해서 글자모양 자체가 달라져 있는 것이 여러 군데 있기 때문에 곧바로 해서의 모범으로 삼기에 다소 무리가 따른다는 것이 첫째 이유이고, 일천자를 모두 역대명가의 해서체로 집자해 넣는다는 것은 가능하지가 않다는 것이 그 둘째 이유이다. 그리하여 부득이 필자의 졸필을 실어놓게 되었다. 이 선택이 초학자로 하여금 역대 명가의 서체로 나아가는 디딤돌이 되길 바라며 아울러 우리나라의 서예 발전을 이끌어 가는 제현께서는 너그러운 양해가 있기를 바란다.

一山 張大德

千字文의 탄생과 배경

천자문이 만들어진 유래에 대하여 기록 한 문헌들 중 충실하게 사실에 입각하여 考察할 만 한 것도 있지만 윤색되어 소설류 같은 평속한 기록도 여럿 보인다. 천자문에 대한 기록은 매우 드물기는 하나 되도록 그 자료를 하나라도 더 찾아보려고 노력하였다. 그리하여 그 자료를 분석하고 종합하여 역사적 사실의 핵심이 되는 요소들만 간추려서 기술해 보고자 한다.

옛사람들의 기록을 자세히 살펴보면 항상 느끼는 것이지만 그 기록자의 태도에 따라 그 사실이 조금씩 와전되고 있기는 하지만 그 핵심이 되는 요소만큼은 변함없이 잘 전달되고 있다는 것을 알 수 있다. 우선 천자문의 탄생에 대하여 결론부터 말하면 천자문은 韻文, 즉 韻律을 가지고 詩의 형식을 갖춘 글로써 梁나라의 周興嗣가 만든 것이다. 梁書에는 周興嗣의 문학작품에 대하여 기록한 것이 있는데 「왕희지의 서체를 次韻한 천자」라고만 되어 있다. 이 말은 비록 천자문을 연상케 하기는 하나 자세하지가 않다.
唐나라 武平一이 기록한 (徐氏法書記)에는 「梁나라 大同年間에 武帝가 주흥사에게 분부하여 천자문을 짓게 하고 殷鐵石으로 하여금 왕희지의 필적을 본받아 쓰게 해서 8인에게 하사 하였다.」라고 되어있다. 당시엔 수 많은 옛 성현들의 경전과 서체들이 모두 문장으로 되어 있기 때문에 문장마다 겹치는 字가 많을 수 밖에 없었다. 武帝는 어린이 들에게 漢字와 書藝공부를 시키기 위해 겹침이 없는 一千字를 만들고 싶었던 것이다. 즉 한 字도 겹치지 않는 글을 지어서 漢字공부를 시키고 더하여 왕희지의 서체를 갖추게 하여 서예공부도 시키려 했던 것이다. 그리하여 周興嗣와 殷鐵石에게 그의 뜻을 설명하고 천자문을 만들도록 당부하게 되었으며 그들은 완벽하게 그 명에 부흥하였고 그 결과물로 이 천자문이 탄생하게 되었던 것이다.

李綽의 (尙書故實)에는 「천자문은 梁나라 周興嗣가 지은 것이다. 그런데 왕희지의 서체로 되어 있는 것은 무슨 까닭일까 사람들은 그 당시의 사정을 모르고 있다. 즉 梁나라 武帝가 諸王에게 붓글씨를 가르치기 위해 殷鐵石으로 하여금 大王(왕희지)의 글씨 가운데 중복됨이 없이 一千字를 가려 뽑아 搨本으로 찍게 했다. 한 자 한 자가 각각 하나의 종이조각으로 되어 있다 보니 모두 흩어져서 아무런 순서가 없었다. 그러므로 武帝가 다시 周興嗣를 불러서 卿은 재주가 좋으니 이것들에 韻을 달아서 글을 만들어 보라 분부하였다. 周興嗣는 하룻밤을 꼬박 지새어 글을 지어 올렸다. 그는 하룻밤 사이에 백발이 되었으며 武帝로 부터 크게 칭찬을 받았다.」고 하였다.
주흥사가 아무리 재주가 좋다고는 하지만 하룻밤 사이에 저 유명한 글을 지어 냈다고 하니 그저 감탄할 따름이다. 천자문은 주로 아동용 한자책 이므로 주흥사는 그 문장의 구성을 윤리 도덕 천문 지리 그리고 예부터 전해져 온 고사와 상식등 아동의 교육을 위한 내용으로 그 틀을 잡았을 것이다. 그리고 四字句의 韻文으로 만들어서 암송하기에 딱 좋게 엮어 놓았다. 은철석이 뽑아 놓은 일천자의 종이조각을 하나 하나 찾아내어 天地로부터 시작하여 乎也로 끝을 맺는 과정에서 그가 기울였을 노력은 가히 상상할 수 있을 것 같다. 과연 하룻밤에 백발이 될만도 하다. 그래서 후세 사람들은 천자문을 가리켜 「白首文」(머리를 희게한 글)이라고 부르기도 한다.
부연하여 설명하자면 처음에 주흥사가 무제의 명을 받고 한 字의 겹침도 없는 一千字를 뽑아 놓기는 하였으나 그것은 혼란스럽게 섞여있는 그냥 一千字에 불과할 뿐이었다. 武帝는 그 일천자를 은철석에게 명하며 한 자 한 자를 왕희지의 여러 필적을 뒤져서 모두 왕희지의 필체로 집자해 놓으라 하였고 은철석이 일일이 한

자 한 자 뽑아서 임서, 搨本, 模寫등의 온갖 기술을 동원하여 드디어 그 一千字가 왕희지의 서체를 갖추게 되었다. 그러나 그 一千字는 두서없이 흐트러진 종이 조각을 모아 놓는 것에 지나지 않았을 것이다. 그래서 武帝가 다시 주흥사를 불러서 韻을 달아서 글을 만들게 했던 것이다.

이상에서 보았듯이 천자문은 주흥사 은철석 그리고 다시 주흥사의 과정을 거쳐서 왕희지의 서체로 된 천자문이 탄생하게 된 것이다. 당시 宮室의 書庫에는 왕희지의 글씨가 돌에 새겨진 것도 있었을 것이고 문서나 편지로 된 것도 있었을 것이다. 또한 여러 각지에서 외압으로 빼앗아 온것도 있을 것이고 상납받은 것도 있을 것이며 심지어 남의 무덤을 파헤쳐 순장된 필적을 획득하기 까지 했다는 기록도 있다. 특히 왕희지의 필적이라면 그 어떤 금은보화 보다도 높은 가치를 부여했다고 한다. 그렇게 모아진 왕희지의 필적은 武帝의 궁중 祕庫에 가득했으며 은철석은 그 속에 파묻혀서 일천자를 탑본하고 모사하면서 땀을 흘렸을 것이다. 그러나 지금에 와서는 왕희지의 서체로 된 천자문은 그저 전설속의 물건일뿐 그 그림자 조차 찾아 볼 수 없다. 당시엔 그것의 복사본이 대단히 많이 유포되었을 것이나 그것들 다 어디로 사라졌는지에 대해선 그 문헌조차 찾아 볼 수 없는 실정이다. 아마도 그토록 귀중한 물건이다 보니 수장가들이 깊숙이 보관하여 세상에 나오지 않았을 수도 있다지만 어쩌다 몇 개 쯤은 나올 수도 있지 않았을까 생각도 해 본다. 하지만 그 사라진 연유에 대해선 알 수가 없다.

그러나 隋나라때 까지 또는 후대 어느때 쯤 까지는 왕희지 서체로 된 천자문이 일부 전해져 왔다고 본다. 隋나라 智永 선사는 樓에 올라 40년을 내려오지 않고 글씨공부에 매진했다고 하는 일화가 있다. 그때 무려 800여본의 천자문을 써서 浙東지방의 여러 사원에 나누어 주었다고 하는 것을 보면 그도록 공부한 책 중에는 왕희지의 서체로 된 이 천자문이 있었음은 의심의 여지가 없다.

여기서 지영의 일화를 거론하는 것에는 그 이유가 따로 있다. 그것은 이 책 다음으로「지영초서천자문」이 발간될 예정이기 때문이다. 독자 제위께서는 후속편「지영초서천자문」또한 교재로 채택하여 열공해주실 것을 희망해본다. 지영은 왕희지의 七代 손자이다. 그의 일화에서 볼 수 있듯이 그가 왕희지 서체를 후대에 계승하기 위하여 부단히 노력했다는 것과 제자들에게 써주어 모범으로 삼게 하고 그 필법을 세상에 펴는 데에 목적을 두고 있었다는 것은 그것이 隋나라때 까지는 존재했다는 여부를 말하는 것으로 볼 수 있다.

위에서 기술한 바와 같이 武帝의 처음 의도는 왕희지 서체의 천자문을 만드는 것이었으나 그 내용이 아동의 교육에 적합한 것은 물론 운율을 갖춘 시의 형식으로써 외우기도 적합하여 漢字를 가르치는 교과서로도 유명해지게 되었다. 이 천자문이 우리나라에 들어온 연대는 알 수 없으나 분명한 것은 왕희지 서체로 만들어진 것은 아니다. 아마도 그것이 들어왔을 당시는 엄청난 바람을 일으켰을 것이다. 한 자의 겹침도 없이 일천자로 만들어진 책은 처음이기 때문이다. 그에 더하여 내용 또한 훌륭하므로 글공부를 시키는 특수 계급의 자녀들은 기초과정인 이 책을 필수적으로 배우게 되었을 것이다. 이후로 계급제도가 폐지 되면서 일반 아동에서 부터 만학의 학도들에게 이르기 까지 없어서는 안 될 책으로 일반화 되었다. 당시 우리나라에 그 많은 천자문이 세상에 퍼질 수 있었던 것은 書寫를 업으로 하는 사람들의 노고가 있었으며 그것은 근대의 출판사가 하는 역할에 해당되기도 할 것이다. 書寫 또는 筆寫를 하는 사람은 상당히 많았을 것이다. 그들의 필체는 오직 일정한 규격을 갖춘 단정한 것으로써 변화를 추구하는 서예가의 자유분방한 서체에 비교하면 그

격조가 다르다. 우리나라에서 한때 기관에 소속되어 공고문을 쓰던, 또는 인쇄 골목에서 전단지나 명함 따위를 동판에 써 주었던 그런 글씨체를 연상하면 될 것이다. 그 글씨체는 한 치의 오차없이 방정하고 예쁜 것이 특징이기는 하나 중국 고대에 쓰여진 순진무구한 격조에 비하면 그 장르 자체가 비교 대상이 될 수 없다. 왜냐하면 정해진 요구조건에 따른 수동적인 것과 자유 의지의 발로에서 오는 능동적인 것의 차이 때문이다. 당시에 필사를 주업으로 종사한 많은 사람들은 나름대로 생계를 꾸려가기에 남부럽지 않았다고 한다. 그들이 부지런히 필사한 천자문은 고금의 한자 공부에 기틀이 되었으며 인쇄가 발달한 시대부터는 여러 출판사에서 다투어 간행하여 그 또한 대부분의 책상위에 놓이게 되었다. 다만 아쉬운 것은 현존하는 천자문이 역대 명가의 서체로 되어있지 않다는 것이며 그것이 서예를 공부하는 사람들의 선택을 받지 못하게 된 이유이기도 하다. 물론 서예를 전공했거나 그에 뜻을 둔 사람들은 智永의 초서로 된 명품 천자문이 있다는 것을 알고 있지만 일반 초학자들은 그것을 모르고 있을 것이다. 아마도 초학자들의 기억속에는 초등학교에서 일화로 배운 명필 한석봉 천자문이 자리잡고 있을 뿐이며 또한 그것을 현존하는 독보적인 천자문으로 평가하고 있을 것이다. 한석봉 천자문과 그 서체에 대해서는 머리말에서 자세히 언급한 바 있으므로 생략하기로 한다.

이번에 도서출판「우람」에서 내 놓고자 하는 이 천자문은 글씨의 크기는 물론 상세한 도해를 넣어서 초학자가 쉽게 공부할 수 있도록 편자와 편집자가 많은 노력을 기울였다. 또한 글씨(楷, 行)는 초학자의 눈과 마음에 잘 들어올 수 있게 하기 위하여 편저자의 졸필을 무릅쓰고 직접 써서 게재하였다. 그리고 후속으로 나올 隋나라 때에 智永이 쓴「眞草千字文」은 眞跡本을 채택하여 편찬하였다. 현재에 전해지고 있는 것 중에는 眞跡本과 關中本 그리고 寶墨獻本 이 세 가지가 있다. 그 중에서 眞跡本은 보존상태가 매우 잘 돼 있어서 초학자가 임서하기에 적합하다. 그 필체에 대해서는「지영초서천자문」에 따로 한 편을 마련하여 자세히 논술하고자 하니 참고하기 바란다. 이것은 지영의 대표작으로써 초서를 주축으로 하고 있으며 왼편에 초서를 쓰고 오른편에 그 초서를 정자로 알아 볼 수 있게 眞書(해서)로 써 놓았다. 시중의 천자문에는 律呂로 되어있는 곳에 지영은 律召로 써 놓았으며 眞書에 있어서도 彼자를 伮자로 또한 布자를 포자로 써 놓았다.

필자가 쓴 해서 부분에서는 召와 伮는 그대로 써 넣고 포자는 미상의 字이므로 布로 고쳐 써 넣기로 하였다. 그리고 중간에 家給千兵 네 자의 초서가 훼손돼 없어졌다. 이 네 자는 부득이 필자의 졸필로 채울 것이다.(이 점 양해 바람) 이 천자문을 편찬함에 있어서 부족한 점도 있을 것이다. 그럼에도 염치불고하고 간행하게 되었으니 초학자는 물론 중급이상의 독자층에도 부디 도움이 되었으면 하는 바람이다.

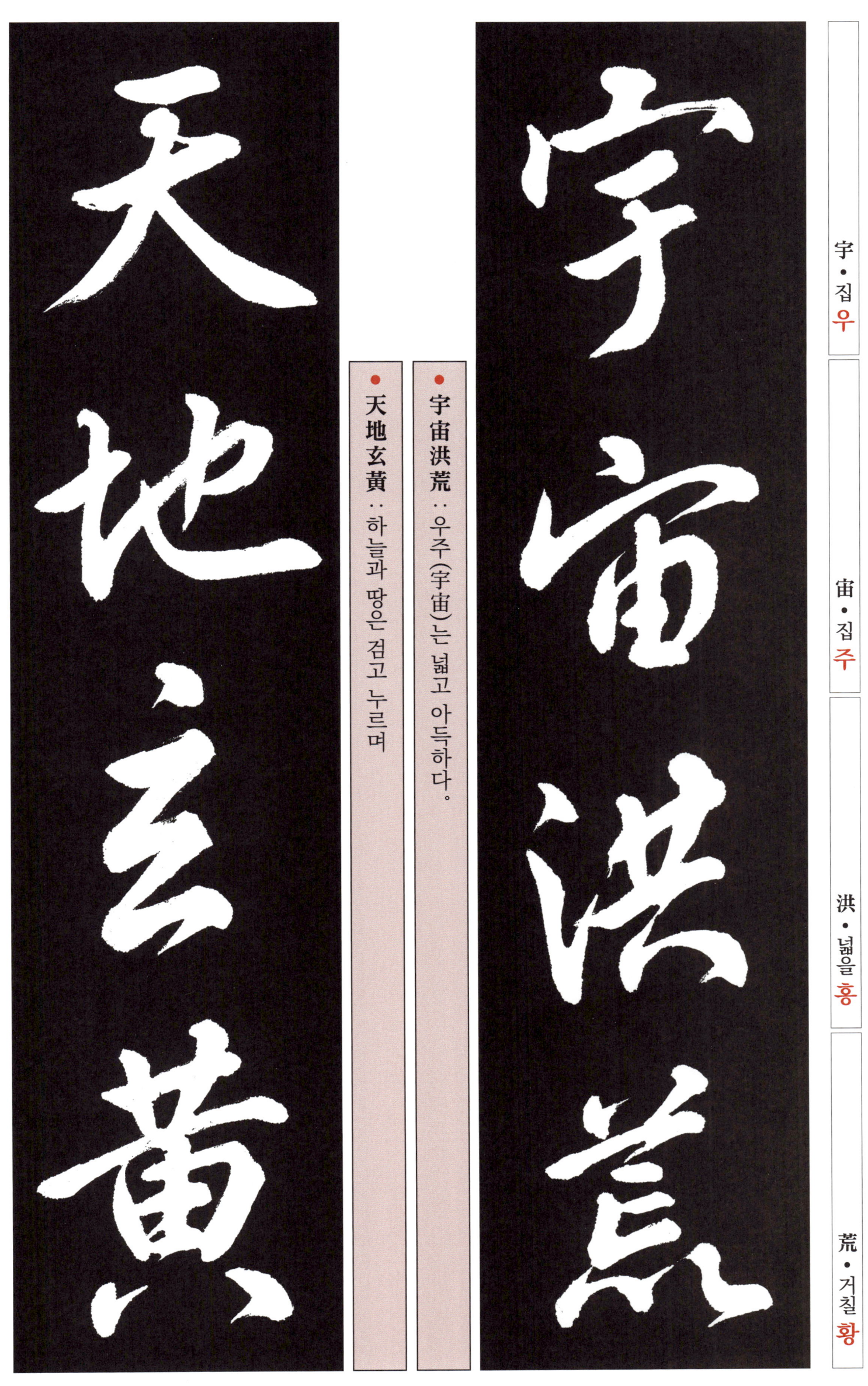

- 宇宙洪荒 : 우주(宇宙)는 넓고 아득하다.
- 天地玄黃 : 하늘과 땅은 검고 누르며

辰·별 진
宿·잘 숙
列·벌릴 렬
張·베풀 장

日·날 일
月·달 월
盈·찰 영
昃·기울 측 (仄과 同)

● 辰宿列張 : 별들은 하늘에 널리 벌려 있다.
● 日月盈昃 : 해와 달은 차면 기울고

秋收冬藏　寒來暑往

秋・가을 추
收・거둘 수
冬・겨울 동
藏・감출 장

寒・찰 한
來・올 래
暑・더울 서
往・갈 왕

● 秋收冬藏 : 가을에는 수확(收穫)하고 겨울에는 저장(貯藏)한다.
● 寒來暑往 : 추위가 오면 더위는 가고

律・법 **률**
呂・법칙 **려**
調・고를 **조**
陽・볕 **양**

閏・윤달 **윤**
餘・남을 **여**
成・이룰 **성**
歲・해 **세**

● 律呂調陽 : 음율(音律)로써 음양(陰陽)의 조화(調和)를 이룬다.

● 閏餘成歲 : 윤달이 남아 해를 이루고

雲・구름 운
騰・오를 등
致・이를 치
雨・비 우

露・이슬 로
結・맺을 결
爲・될 위
霜・서리 상

- 雲騰致雨 : 구름이 올라가 비가 되고
- 露結爲霜 : 이슬이 맺혀 서리가 된다.

玉出崑崗 / 金生麗水

- 玉出崑崗 : 옥(玉)은 곤륜산(崑崙山)에서 나온다.
- 金生麗水 : 금(金)은 여수(麗水)에서 생산 되고

字	訓·音
玉	구슬 **옥**
出	날 **출**
崑	뫼 **곤**
崗	뫼 **강**
金	쇠 **금**
生	날 **생**
麗	고울 **려**
水	물 **수**

珠稱夜光 : 구슬은 야광주(夜光珠)를 칭송한다.

劍號巨闕 : 검(劍)은 거궐(巨闕) 월왕(越王)의 보검(寶劍)을 제일로 부르고

珠·구슬 주
稱·일컬을 칭
夜·밤 야
光·빛 광

劍·칼 검
號·이름 호
巨·클 거
闕·대궐 궐

菜 · 나물 **채**

重 · 무거울 **중**

芥 · 겨자 **개**

薑 · 생강 **강**

菓 · 열매 **과**

珍 · 보배 **진**

李 · 오얏 **리**

柰 · 벗 **내**

- 菜重芥薑 : 채소(菜蔬)는 겨자와 생강(生薑)을 중히 여긴다.
- 菓珍李柰 : 과일은 오얏과 벗이 보배요

鱗 · 비늘 린

潛 · 잠길 잠

羽 · 깃 우

翔 · 날 상

● 鱗潛羽翔 : 비늘 있는 물고기는 물에 잠기고 깃 있는 새는 하늘에 난다.

● 海鹹河淡 : 바닷물은 짜고 냇물은 담백하며

海 · 바다 해

鹹 · 짤 함

河 · 물 하

淡 · 맑을 담

鳥・새 조
官・벼슬 관
人・사람 인
皇・임금 황

龍・용 룡
師・스승 사
火・불 화
帝・임금 제

● 鳥官人皇 : 조관(鳥官) 소호씨(少昊氏)는 인황씨다.

● 龍師火帝 : 제왕은 용사(龍師) 복희씨(伏羲氏)와 화제(火帝) 신농씨(神農氏)요

乃・이에 **내**
服・옷 **복**
衣・옷 **의**
裳・치마 **상**

始・처음 **시**
制・지을 **제**
文・글월 **문**
字・문자 **자**

● 乃服衣裳 : 이에 옷과 치마를 입었다.
● 始制文字 : 비로소 문자(文字)를 만들었고

推・밀 추
位・자리 위
讓・사양할 양
國・나라 국

有・있을 유
虞・헤아릴 우
陶・질그릇 도
唐・당나라 당

● 有虞陶唐: 유우씨(有虞氏) 순(舜)과 도당씨(陶唐氏) 요(堯)이다.

● 推位讓國: 천자(天子)의 자리를 넘겨 권력을 양위한 이는

周發殷湯 弔民伐罪

- 周發殷湯 : 주(周)나라의 발(發) 무왕(武王)과 은(殷)나라의 탕왕(湯王)이다.
- 弔民伐罪 : 백성(百姓)을 위로(慰勞)하고 폭정을 행하는 왕을 친 이는

한자	훈	음
周	나라	주
發	일어날	발
殷	나라	은
湯	끓일	탕
弔	조상할	조
民	백성	민
伐	칠	벌
罪	허물	죄

垂拱平章 : 옷깃을 여미고 팔짱 끼고 밝게 다스린다.

坐朝問道 : 조정(朝廷)에 앉아 도리를 묻고

垂·드리울 수
拱·팔짱낄 공
平·평탄할 평
章·글월 장

坐·앉을 좌
朝·조정·아침 조
問·물을 문
道·길 도

率·거느릴 **솔**

賓·손님 **빈**

歸·돌아올 **귀**

王·임금 **왕**

遐·멀 **하**

邇·가까울 **이**

壹·한 **일**

體·몸 **체**

● 率賓歸王 : 거느리고 복종(服從)하며 임금에게 귀의(歸依)한다.

● 遐邇壹體 : 먼 곳과 가까운 곳이 하나 되어

鳴 · 울 **명**

鳳 · 봉황 **봉**

在 · 있을 **재**

樹 · 나무 **수**

白 · 흰 **백**

駒 · 망아지 **구**

食 · 먹을 **식**

場 · 마당 **장**

● 白駒食場 : 흰 망아지는 마당에서 풀을 뜯는다.

● 鳴鳳在樹 : 우는 봉황(鳳凰)은 오동나무 위에서

賴及萬方 : 힘입음이 만방(萬方)에 미친다.

化被草木 : 임금의 덕화(德化)는 초목에까지 미쳐

四·넉 **사**
大·큰 **대**
五·다섯 **오**
常·떳떳할 **상**

蓋·대개 **개**
此·이 **차**
身·몸 **신**
髮·터럭 **발**

● 四大五常∶사대(四大) 地·水·火·風과 오상(五常) 仁·義·禮·智·信에서 비롯된다.

● 蓋此身髮∶대개 이 몸과 터럭은

豈 · 어찌 **기**

敢 · 감히 **감**

毀 · 헐 **훼**

傷 · 상할 **상**

- 豈敢毁傷 : 어찌 감히 헐고 훼손(毁損)하리오.

- 恭惟鞠養 : 부모(父母)님의 양육을 공손(恭遜)히 생각하니

恭 · 공손할 **공**

惟 · 생각할 **유**

鞠 · 기를 **국**

養 · 기를 **양**

- 男效才良 : 남자(男子)는 재주와 어짊을 본받아야 한다.
- 女慕貞絜 : 여자(女子)는 정결을 목숨처럼 사모(思慕)해야 하고

得・얻을 **득**

能・능할 **능**

莫・말 **막**

忘・잊을 **망**

● 得能莫忘 : 능(能)함을 얻었으면 잊지 말아야 한다.

● 知過必改 : 허물을 알았으면 반드시 고치고

知・알 **지**

過・허물 **과**

必・반드시 **필**

改・고칠 **개**

靡·아닐 미

恃·믿을 시

己·몸 기

長·긴 장

● 靡恃己長 : 자기의 장점(長點)은 너무 믿지 말라.

罔·없을 망

談·말씀 담

彼·저 피

短·짧을 단

● 罔談彼短 : 남의 단점(短點)은 말하지 말고

器 · 그릇 **기**

欲 · 하고자 할 **욕**

難 · 어려울 **난**

量 · 헤아릴 **량**

信 · 믿을 **신**

使 · 하여금 **사**

可 · 옳을 **가**

覆 · 돌이킬 **복**

- 器欲難量 :: 기량은 헤아리기 쉽지가 않다.
- 信使可覆 :: 믿음은 거듭할 수 있어야 하고

詩・글 **시**

讚・기릴 **찬**

羔・염소 **고**

羊・양 **양**

墨・먹 **묵**

悲・슬플 **비**

絲・실 **사**

染・물들 **염**

- 詩讚羔羊 : 시경(詩經)은 고양편(羔羊編)을 찬미(讚美)하였다.

- 墨悲絲染 : 묵자(墨子)는 실이 물들어 감을 슬퍼하였고

克念作聖 : 사심(私心)을 극복하면 성인(聖人)이 될 수 있다.

景行維賢 : 행동(行動)을 빛나게 함이 현인(賢人)의 벼리요

- 克 · 이길 **극**
- 念 · 생각 **념**
- 作 · 지을 **작**
- 聖 · 성인 **성**

- 景 · 경치 **경**
- 行 · 다닐 **행**
- 維 · 벼리 **유**
- 賢 · 어질 **현**

形・모양 **형**

端・바를 **단**

表・겉 **표**

正・바를 **정**

德・덕 **덕**

建・세울 **건**

名・이름 **명**

立・설 **립**

● 形端表正 : 모양이 단정(端正)하면 의표(儀表)도 바르게 된다.

● 德建名立 : 덕(德)이 서면 명예(名譽)가 서고

| 虛 · 빌 **허** | 堂 · 집 **당** | 習 · 익힐 **습** | 聽 · 들을 **청** |

● 虛堂習聽 : 빈부의 말은 빈 집에서도 신(神)은 익히 듣는다.

● 空谷傳聲 : 성현(聖賢)의 말은 빈 골짝에도 소리가 전해지고

| 空 · 빌 **공** | 谷 · 골 **곡** | 傳 · 전할 **전** | 聲 · 소리 **성** |

福緣善慶 / 禍因惡積

오른쪽 축:
- 福 · 복 **복**
- 緣 · 인연 **연**
- 善 · 착할 **선**
- 慶 · 경사 **경**

왼쪽 축:
- 禍 · 재앙 **화**
- 因 · 인할 **인**
- 惡 · 악할 **악**
- 積 · 쌓을 **적**

● 福緣善慶 : 복(福)은 좋은 경사(慶事)에 인연한다.

● 禍因惡積 : 화(過)는 악(惡)이 쌓임에 인연(因緣)하고

- 曰嚴與敬 : 이른바 존경(尊敬)과 공경(恭敬)이다.
- 資父事君 : 부모 섬기는 마음으로 임금을 섬겨야 하니

忠 · 충성 **충**

則 · 곧 **즉**

盡 · 다할 **진**

命 · 목숨 **명**

- 忠則盡命 : 충성(忠誠)은 목숨을 다해야 한다.

- 孝當竭力 : 효도(孝道)는 마땅히 힘을 다해야 하고

孝 · 효도 **효**

當 · 마땅할 **당**

竭 · 다할 **갈**

力 · 힘 **력**

夙興溫凊 : 일찍 일어나 따뜻한지 서늘한지를 살핀다.

臨深履薄 : 부모(父母) 섬김은 깊은 못에 임한 듯 살얼음을 밟는 듯이 하고

- 夙 · 일찍 **숙**
- 興 · 일어날 **흥**
- 溫 · 따뜻할 **온**
- 凊 · 서늘할 **청**
- 臨 · 임할 **임**
- 深 · 깊을 **심**
- 履 · 밟을 **리**
- 薄 · 엷을 **박**

似蘭斯馨: 난초(蘭草)처럼 향기(香氣)롭고

如松之盛: 소나무와 같이 무성하다.

川流不息 : 냇물은 흘러 흘러 쉬지 않고
淵澄取暎 : 못 물은 맑아 속까지 비친다.

言・말씀 언

辭・말씀 사

安・편안할 안

定・정할 정

容・모양 용

止・그칠 지

若・같을 약

思・생각 사

- 言辭安定 : 언사(言辭)는 안정(安定)되게 한다.
- 容止若思 : 몸가짐과 행동거지(行動擧止)는 생각과 같이 하고

慎 · 삼갈 **신**	篤 · 도타울 **독**
終 · 마칠 **종**	初 · 처음 **초**
宜 · 마땅할 **의**	誠 · 진실로 **성**
令 · 하여금 **령**	美 · 아름다울 **미**

● 愼終宜令 : 마무리를 신중(愼重)히 하면 마땅히 좋은 것이다.

● 篤初誠美 : 처음을 독실(篤實)하게 하니 참으로 아름답고

- 籍甚無竟 : 그 명성(名聲)은 자자(藉藉)해서 끝이 없으리라.
- 榮業所基 : 영광(榮光)스런 일은 기반에서 비롯되고

攝職從政：직위(職位)를 잡아 정치(政治)에 종사(從事)할 수 있다.

學優登仕：학문(學問)이 우수(優秀)하면 벼슬에 올라

去而益詠 存以甘棠

- 去而益詠 : 소공(召公)이 간 뒤에 더하여 감당시(甘棠詩)를 읊었다.
- 存以甘棠 : 감당(甘棠)나무를 보존한 까닭으로

去 · 갈 **거**
而 · 말이을 **이**
益 · 더할 **익**
詠 · 읊을 **영**

存 · 있을 **존**
以 · 써 **이**
甘 · 달 **감**
棠 · 아가위 **당**

樂・풍류 **악** 　殊・다를 **수** 　貴・귀할 **귀** 　賤・천할 **천**

禮・예도 **예** 　別・다를 **별** 　尊・높을 **존** 　卑・낮을 **비**

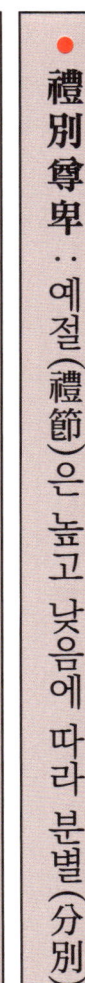

- 禮別尊卑 : 예절(禮節)은 높고 낮음에 따라 분별(分別)된다.
- 樂殊貴賤 : 음악(音樂)은 귀천(貴賤)에 따라 다르고

夫・남편 부	上・윗 상
唱・부를 창	和・화할 화
婦・아내 부	下・아래 하
隨・따를 수	睦・화목할 목

- 夫唱婦隨 : 남편이 이끌고 부인(婦人)은 따른다.
- 上和下睦 : 윗사람이 온화(穩和)하면 아랫사람이 화목(和睦)하고

入 · 들 **입**
奉 · 받들 **봉**
母 · 어머니 **모**
儀 · 거동 **의**

外 · 바깥 **외**
受 · 받을 **수**
傅 · 스승 **부**
訓 · 가르칠 **훈**

- 入奉母儀 : 들어와선 어머니의 거동(擧動)을 살핀다.
- 外受傅訓 : 밖에선 스승의 가르침을 본 받고

猶·같을 **유**
子·아들 **자**
比·견줄 **비**
兒·아이 **아**

諸·모두 **제**
姑·시어미 **고**
伯·맏 **백**
叔·아저씨 **숙**

● 猶子比兒 : 조카를 자식(子息)같이 대하고 자기 아이처럼 여겨야 한다.

● 諸姑伯叔 : 모든 고모(姑母)와 백부(伯父)와 숙부(叔父)는

孔・구멍 공
懷・품을 회
兄・맏 형
弟・아우 제

同・같을 동
氣・기운 기
連・이을 연
枝・가지 지

● 同氣連枝 : 기운이 같고 가지가 이어졌기 때문이다.

● 孔懷兄弟 : 형제(兄弟)가 서로 그리워하는 것은

切 · 끊을 **절**

磨 · 갈 **마**

箴 · 경계할 **잠**

規 · 법 **규**

交 · 사귈 **교**

友 · 벗 **우**

投 · 던질 **투**

分 · 나눌 **분**

- 切磨箴規 : 절차탁마(切磋琢磨)하고 경계(警戒)를 하며 규범에 맞춰야 한다.
- 交友投分 : 벗을 사귐은 분수(分數)에 맞춰야 하고

造次弗離 : 잠시(暫時)라도 떠나서는 안 된다.

仁慈隱惻 : 인자(仁慈)한 마음과 측은(惻隱)한 마음은

- 造 · 잠깐 조
- 次 · 버금 차
- 弗 · 아닐 불
- 離 · 떠날 리
- 仁 · 어질 인
- 慈 · 사랑할 자
- 隱 · 숨을 은
- 惻 · 슬플 측

顚 · 엎어질 **전**

沛 · 자빠질 **패**

匪 · 아닐 **비**

虧 · 이지러질 **휴**

節 · 절개 **절**

義 · 옳을 **의**

廉 · 청렴할 **렴**

退 · 물러날 **퇴**

● 顚沛匪虧 : 엎어지고 자빠지는 사이에도 잊어서는 안 된다.

● 節義廉退 : 절개(節槪)와 의리(義理)와 청렴(淸廉)과 물러남은

心動神疲

心 · 마음 **심**
動 · 움직일 **동**
神 · 정신 **신**
疲 · 고달플 **피**

● 心動神疲 : 마음이 흔들리면 정신(精神)도 피로(疲勞)해진다.

性靜情逸

性 · 성품 **성**
靜 · 고요할 **정**
情 · 뜻 **정**
逸 · 편안할 **일**

● 性靜情逸 : 성품(性品)이 고요하고 감정(感情)이 편안(便安)해야 하나니

逐 · 쫓을 축
物 · 물건 물
意 · 뜻 의
移 · 옮길 이

守 · 지킬 수
眞 · 참 진
志 · 뜻 지
滿 · 찰 만

● 逐物意移 : 물욕(物慾)을 쫓으면 생각이 옮겨진다.

● 守眞志滿 : 참된 것을 지키면 뜻이 충만(充滿)해지고

好 · 좋을 **호**

爵 · 벼슬 **작**

自 · 스스로 **자**

麋 · 맬 **미**

堅 · 굳을 **견**

持 · 가질 **지**

雅 · 맑을 **아**

操 · 지조 **조**

- 好爵自麋 : 좋은 벼슬은 스스로 따른다.
- 堅持雅操 : 바른 지조(志操)를 굳게 가지면

東・동녘 **동**

西・서녘 **서**

二・두 **이**

京・서울 **경**

都・도읍 **도**

邑・고을 **읍**

華・빛날 **화**

夏・여름 **하**

● 東西二京 : 동경(東京)과 서경(西京) 두 서울이다.

● 都邑華夏 : 화하(華夏) 중국(中國)의 도읍(都邑)은

浮・뜰 **부**
渭・위수 **위**
據・의지할 **거**
涇・경수 **경**

背・등 **배**
邙・산이름 **망**
面・얼굴 **면**
洛・낙수 **락**

● 浮渭據涇 : 위수(渭水)의 연원은 경수(涇水)를 의지(依持)하고 있다.

● 背邙面洛 : 북망산(北邙山)을 등지며 낙수(洛水)를 바라보고

樓 · 다락 **루**

觀 · 볼 **관**

飛 · 날 **비**

驚 · 놀랄 **경**

宮 · 집 **궁**

殿 · 전각 **전**

盤 · 소반 **반**

鬱 · 울창할 **울**

- 樓觀飛驚 : 누각(樓閣)과 관대(觀臺)는 나는 듯 놀랍다.
- 宮殿盤鬱 : 궁궐(宮殿)과 전각(殿閣)은 빽빽하게 들어차 있고

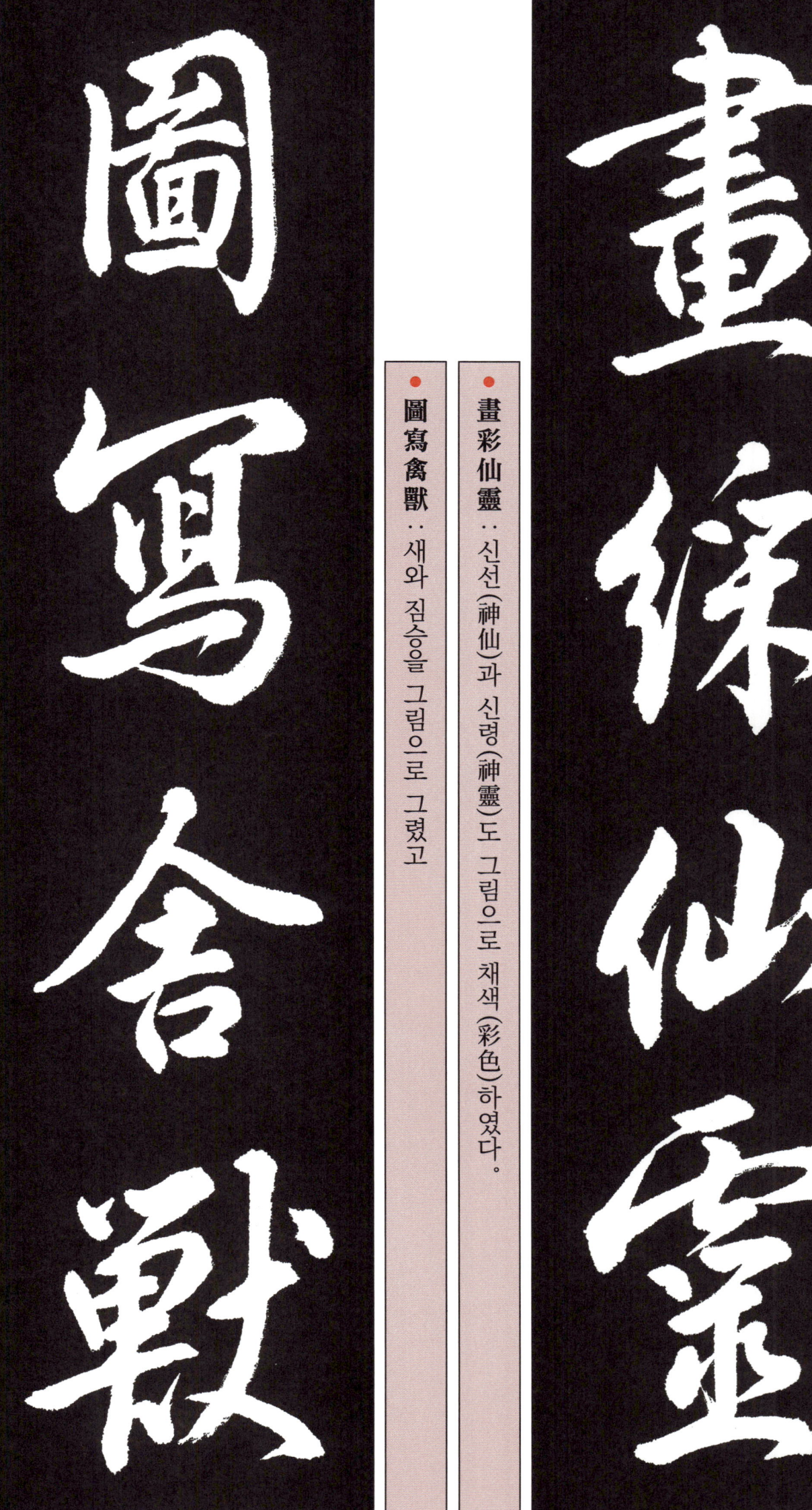

畫彩仙靈 : 신선(神仙)과 신령(神靈)도 그림으로 채색(彩色)하였다.

圖寫禽獸 : 새와 짐승을 그림으로 그렸고

甲帳對楹 丙舍傍啓

- 甲帳對楹 : 갑장(甲帳) 화려한 장막(帳幕)은 기둥 사이에 마주하고 있다.
- 丙舍傍啓 : 병사(丙舍)는 정전(亭殿) 곁에 열려 있고

| 甲・갑옷 갑 | 帳・휘장 장 | 對・대할 대 | 楹・기둥 영 |
| 丙・남녘 병 | 舍・집 사 | 傍・곁 방 | 啓・열 계 |

鼓·북 고
瑟·비파 슬
吹·불 취
笙·생황 생

肆·베풀 사
筵·자리 연
設·베풀 설
席·자리 석

● 鼓瑟吹笙 : 비파(琵琶)를 뜯고 생황(笙簧)을 분다.

● 肆筵設席 : 자리를 펴고 방석(方席)을 진열(陳列)하니

弁・고깔 변   　　　　　　　　升・오를 승

轉・구를 전   　　　　　　　　階・섬돌 계

疑・의심할 의 　　　　　　　　納・들일 납

星・별 성   　　　　　　　　陛・대궐섬돌 폐

- 弁轉疑星 : 고깔 움직임을 별인가 의심한다.
- 升階納陛 : 계단을 올라 천자(天子)의 뜰에 드니

右·오른 **우**
通·통할 **통**
廣·넓을 **광**
內·안 **내**

左·왼 **좌**
達·통할 **달**
承·이을 **승**
明·밝을 **명**

● 右通廣內 : 우(右)로 가면 광내전(廣內殿)으로 통하고

● 左達承明 : 좌(左)로 가면 승명려(承明廬)에 달한다.

亦・또 **역**

聚・모을 **취**

郡・고을 **군**

英・꽃부리 **영**

● 亦聚郡英 : 또한 수많은 영재(英才)들도 모았다.

● 旣集墳典 : 이미 삼분(三墳)과 오전(五典)을 모으고

旣・이미 **기**

集・모을 **집**

墳・책이름 **분**

典・법 **전**

漆書壁經 : 그 글은 옻칠로 쓴 벽(壁) 속의 경서(經書)가 있다.

杜稾鍾隸 : 초서(草書)는 두조(杜燥)요 예서(隸書)는 종요(鍾繇)이니

路俠槐卿　府羅將相

- 路 · 길 로
- 俠 · 낄 협
- 槐 · 회화나무 괴
- 卿 · 벼슬 경
- 府 · 관청 부
- 羅 · 벌릴 라
- 將 · 장수 장
- 相 · 서로 상

● 路俠槐卿 : 길에는 삼공(三公)과 구경(九卿)이 늘어서 있다.

● 府羅將相 : 관부(官府)에는 장수(將帥)와 재상(宰相)이 널려있고

家 · 집 **가**

給 · 줄 **급**

千 · 일천 **천**

兵 · 군사 **병**

戶 · 집 **호**

封 · 봉할 **봉**

八 · 여덟 **팔**

縣 · 고을 **현**

- 家給千兵 : 가(家)에는 천명의 병사(兵士)를 주었다.
- 戶封八縣 : 여덟 고을의 민호(民戶)를 주어 공신(功臣)을 봉(封)하였고

高·높을 **고**　冠·갓 **관**　陪·모실 **배**　輦·수레 **련**

驅·몰 **구**　轂·바퀴 **곡**　振·떨칠 **진**　纓·갓끈 **영**

- 高冠陪輦 : 높은 관(冠)을 쓰고 임금의 수레를 모시니
- 驅轂振纓 : 수레를 몰아 갓끈을 흔든다.

- 車駕肥輕 : 말은 살찌고 수레는 가볍다.
- 世祿侈富 : 대대(代代)로 녹(祿)을 받아 사치(奢侈)하고 부유(富裕)하니

勒・새길 **륵**
碑・비석 **비**
刻・새길 **각**
銘・새길 **명**

策・꾀 **책**
功・공 **공**
茂・성할 **무**
實・열매 **실**

● 勒碑刻銘 : 비(碑)를 세우고 명문(銘文)을 새겼다.

● 策功茂實 : 공(功)을 기록(記錄)하여 실적(實績)을 성대(盛大)히 하고

- 佐時阿衡 : 때를 도운 아형(阿衡) 재상(宰相)이다.
- 磻溪伊尹 : 반계(磻溪) 강태공(姜太公), 여상(呂尙)과 이윤(伊尹)은

微・작을 **미**
旦・아침 **단**
孰・누구 **숙**
營・경영할 **영**

奄・문득 **엄**
宅・집 **택**
曲・굽을 **곡**
阜・언덕 **부**

- 微旦孰營 : 단(旦) 주공(周公)이 아니면 누가 경영(經營) 하였겠는가.
- 奄宅曲阜 : 곡부(曲阜)에 큰 집을 지으니

濟·건널 **제**

弱·약할 **약**

扶·도울 **부**

傾·기울 **경**

桓·굳셀 **환**

公·귀 **공**

匡·바를 **광**

合·모을 **합**

- 濟弱扶傾 : 약한 자를 구제(救濟)하고 기우는 나라를 부축하였다.
- 桓公匡合 : 제(齊)나라 환공(桓公)은 천하(天下)를 바로잡고 규합(糾合)하여

說・말씀 설
感・느낄 감
武・호반 무
丁・장정 정

綺・비단 기
廻・돌아올 회
漢・한수 한
惠・은혜 혜

• 說感武丁 :: 부열(傅說)은 꿈에 무정(武丁) 상(商)나라 왕을 감동(感動)시켰다.

• 綺廻漢惠 :: 기리계(綺里季)는 한(漢)나라 혜제(惠帝)를 회복(回復)시켰고

多 · 많을 **다**

士 · 선비 **사**

寔 · 이 **식**

寧 · 편안할 **녕**

俊 · 준걸 **준**

乂 · 어질 **예**

密 · 빽빽할 **밀**

勿 · 말 **물**

- 多士寔寧 : 많은 선비가 편안(便安)하였다.
- 俊乂密勿 : 준걸(俊傑) 재사(才士)가 부지런히 힘쓰고

趙魏困橫 晉楚更霸

- 趙魏困橫 : 조(趙)와 위(魏)는 불화(不和)로 곤경(困境)에 처했다.
- 晉楚更霸 : 진(晉)과 초(楚)는 다시 패권(霸權)을 잡았고

趙 · 나라 조
魏 · 나라 위
困 · 곤할 곤
橫 · 가로 횡

晉 · 나라 진
楚 · 나라 초
更 · 고칠 경
霸 · 으뜸 패

踐土會盟 / 假途滅虢

践・밟을 **천**
土・흙 **토**
會・모일 **회**
盟・맹세할 **맹**

假・빌릴 **가**
途・길 **도**
滅・멸할 **멸**
虢・나라 **괵**

● 踐土會盟：천토(踐土)에 모여 맹세(盟誓)하였다.

● 假途滅虢：길을 빌려 괵(虢)나라를 멸망(滅亡)시키고

韓·나라 한
弊·해칠 폐
煩·번거로울 번
刑·형벌 형

何·어찌 하
遵·좇을 준
約·간략할 약
法·법 법

● 韓弊煩刑 : 한비(韓非)의 번잡(煩雜)한 형벌(刑罰)에 피폐(疲弊)해졌다.

● 何遵約法 : 소하(蕭荷)는 약법삼장(約法三章)을 따랐고

用・쓸 용
軍・군사 군
最・가장 최
精・정밀할 정

起・일어날 기
翦・자를 전
頗・자못 파
牧・칠 목

● 用軍最精 : 군사(軍士) 쓰기를 가장 정교(精巧)하게 하였다.

● 起翦頗牧 : 백기(白起)・왕전(王翦)・염파(廉頗)・이목(李牧)은

馳譽丹靑 宣威沙漠

馳・달릴 **치**
譽・기릴 **예**
丹・붉을 **단**
靑・푸를 **청**

宣・베풀 **선**
威・위엄 **위**
沙・모래 **사**
漠・아득할 **막**

- 馳譽丹靑∷ 채색(彩色)으로 영정을 그려 명예(名譽)를 드날렸다.
- 宣威沙漠∷ 사막(沙漠)에까지 위엄(威嚴)이 선양 되고

百 · 일백 **백**

郡 · 고을 **군**

秦 · 나라 **진**

幷 · 아우를 **병**

九 · 아홉 **구**

州 · 고을 **주**

禹 · 임금 **우**

跡 · 자취 **적**

● 百郡秦幷 : 백군(百郡)은 진(晉)나라가 합병(合倂)한 것이다.

● 九州禹跡 : 구주(九州)로 구획한 것은 우왕(禹王)의 업적이며

禪主云亭　嶽宗恒岱

- 禪主云亭 : 봉선(封禪)(제사의 이름)은 운운산(云云山)과 정정산(亭亭山)에서 주로 하였다.
- 嶽宗恒岱 : 오악(五嶽)은 항산(恒山)과 대산(岱山)을 종(宗)으로 삼고

禪 · 봉선 **선**
主 · 임금 **주**
云 · 이를 **운**
亭 · 정자 **정**

嶽 · 큰산 **악**
宗 · 마루 **종**
恒 · 항상 **항**
岱 · 뫼 **대**

雞田赤城 鴈門紫塞

雞・닭 계
田・밭 전
赤・붉을 적
城・재 성

鴈・기러기 안
門・문 문
紫・붉을 자
塞・막을 색

• 雞田赤城 : 계전(雞田)과 적성(赤城)이 있다.

• 鴈門紫塞 : 안문산(雁門山)과 자색(紫塞) 만리장성(萬里長城)이 있고

93

鉅・클 거
野・들 야
洞・고을 동
庭・뜰 정

昆・만 곤
池・못 지
碣・돌 갈
石・돌 석

● 鉅野洞庭 : 거야(鉅野)와 동정호(洞庭湖)가 있다.

● 昆池碣石 : 곤명지(昆明池)와 갈석산(碣石山)이 있고

鉅野洞庭

昆池碣石

巖・바위 **암**

岫・메뿌리 **수**

杳・아득할 **묘**

冥・어두울 **명**

曠・빌 **광**

遠・멀 **원**

綿・솜 **면**

邈・멀 **막**

- 巖岫杳冥 : 큰 바위와 산봉우리가 묘연(渺然)히 아득하다.
- 曠遠綿邈 : 산천(山川)은 넓고 멀리 아득히 이어졌고

務・힘쓸 무
玆・무성할 자
稼・심을 가
穡・거둘 색

治・다스릴 치
本・근본 본
於・어조사 어
農・농사 농

- 務玆稼穡 : 이로써 심고 거두는 일에 힘쓰게 하였다.
- 治本於農 : 정치(政治)는 농사(農事)를 근본(根本)으로 하여

- 我藝黍稷 : 우리는 기장과 피를 심었다.
- 俶載南畝 : 비로소 남쪽 밭에서 일을 하고

- 勸賞黜陟 : 상(賞)을 주어 권면(勸勉)하며 내치고 올리기도 하였다.
- 稅熟貢新 : 여문 곡식(穀食)에 과세(課稅)하고 햇것을 공물(貢物)로 바치며

史・역사 **사**
魚・물고기 **어**
秉・잡을 **병**
直・곧을 **직**

- 史魚秉直 :: 사어는 강직(剛直)을 끝까지 지켰다.

孟・맏 **맹**
軻・수레 **가**
敦・도타울 **돈**
素・바탕 **소**

- 孟軻敦素 :: 맹가(孟軻)는 바탕을 돈독히 하였고

勞・힘쓸 로
謙・겸손할 겸
謹・삼갈 근
勅・칙서 칙

● 勞謙謹勅 : 겸손하고 삼감에 힘쓰게 된다.

● 庶幾中庸 : 거의 중용(中庸)에 가까우려면

庶・뭇 서
幾・가까울 기
中・가운데 중
庸・떳떳할 용

鑑貌辨色 聆音察理

�鑑・거울 **감**
貌・모양 **모**
辨・분별할 **변**
色・빛 **색**

聆・들을 **령**
音・소리 **음**
察・살필 **찰**
理・이치 **리**

- 鑑貌辨色 : 모양을 보고 기색(氣色)을 분별(分別)한다.
- 聆音察理 : 목소리를 듣고 이치(理致)를 살피며

勉·힘쓸 **면**

其·그 **기**

祗·공경 **지**

植·심을 **식**

貽·줄 **이**

厥·그 **궐**

嘉·아름다울 **가**

猷·꾀 **유**

- 勉其祗植 : 공손히 마음에 새겨 힘써야 한다.
- 貽厥嘉猷 : 그 훌륭한 계책(計策)을 물려주니

寵 · 사랑할 **총**

增 · 더할 **증**

抗 · 항거할 **항**

極 · 다할 **극**

省 · 살필 **성**

躬 · 몸 **궁**

譏 · 나무랄 **기**

誡 · 경계할 **계**

● 寵增抗極 : 임금의 총애(寵愛)가 더할수록 넘칠 것을 미리 막아야 한다.

● 省躬譏誡 : 몸소 살피고 경계(警戒)하며

林・수풀 림
皐・언덕 고
幸・다행 행
即・곧 즉

殆・위태로울 태
辱・욕될 욕
近・가까울 근
恥・부끄러울 치

- 林皐幸即 : 임고(林高)에 가 조용히 거(居)한다.
- 殆辱近恥 : 위태로움과 욕됨은 치욕(恥辱)에 가까우니

沈・잠길 침
默・잠잠할 묵
寂・고요할 적
寥・고요할 요

索・찾을 색
居・살 거
閑・한가할 한
處・곳 처

● 沈默寂寥 : 적막(寂寞)하고 고요하다.
● 索居閑處 : 한가(閑暇)한 곳을 찾아 살며 할 말을 삼가니

散・흩어질 **산** / 慮・생각 **려** / 逍・노닐 **소** / 遙・멀 **요**

求・구할 **구** / 古・옛 **고** / 尋・찾을 **심** / 論・의논할 **론**

- 散慮逍遙 : 흩어진 생각을 정리하고 소요(逍遙)한다.
- 求古尋論 : 옛 것을 구하여 의론(議論)을 찾으며

感・슬플 척	欣・기쁠 흔
謝・사양할 사	奏・아뢸 주
歡・기쁠 환	累・더러힐 루
招・부를 초	遣・보낼 견

- 感謝歡招 :: 슬픔은 사양하고 기쁨은 부른다.
- 欣奏累遣 :: 기쁜 일은 즐기고 더러움은 보내며

渠·개천 거	園·동산 원
荷·연꽃 하	莽·풀 망
的·밝을 적	抽·뺄 추
歷·역력할 력	條·가지 조

- 渠荷的歷 : 도랑의 연꽃은 곱고 선명(鮮明)하며
- 園莽抽條 : 동산의 풀은 가지가 뻗어 오른다.

梧 · 오동나무 **오**

桐 · 오동나무 **동**

早 · 이를 **조**

凋 · 시들 **조**

枇 · 비파나무 **비**

杷 · 비파나무 **파**

晚 · 늦을 **만**

翠 · 푸를 **취**

- 梧桐早凋 : 오동(梧桐) 잎은 일찍감치 시든다.
- 枇杷晚翠 : 비파(枇杷)나무 잎은 늦게까지 푸르고

落・떨어질 락
葉・잎사귀 엽
飄・나부낄 표
飆・나부낄 요

陳・진칠 진
根・뿌리 근
委・맡길 위
翳・말라죽을 예

- 落葉飄飆 : 낙엽(落葉)은 이리저리 흩날린다.
- 陳根委翳 : 묵은 뿌리는 시들고 마르며

凌・업신여길 **릉**　摩・만질 **마**　絳・붉을 **강**　霄・하늘 **소**

遊・놀 **유**　鯤・곤새 **곤**　獨・홀로 **독**　運・움직일 **운**

- 凌摩絳霄 : 붕새 되어 세상을 깔보듯 하늘을 난다.
- 遊鯤獨運 : 곤어(鯤魚)는 홀로 바다에서 놀다가

寓目囊箱 : 눈에 차면 주머니나 상자(箱子)에 모은다.

耽讀翫市 : 글 읽기를 즐겨 저자에서 책(册)을 보고

屬耳垣墻 易輶攸畏

- **屬耳垣墻**: 귀가 담장에도 붙어있는 듯이 한다.
- **易輶攸畏**: 말을 쉽고 가볍게 하는 것을 군자(君子)가 두려워 할 바이니

한자	뜻	음
屬	붙일	속
耳	귀	이
垣	담	원
墻	담	장
易	쉬울	이
輶	가벼울	유
攸	바	유
畏	두려워할	외

具・갖출 구	適・맞을 적
膳・반찬 선	口・입 구
飡・밥 손	充・채울 충
飯・밥 반	腸・창자 장

- 適口充腸 :: 입에 맞추어 배를 채운다.
- 具膳飡飯 :: 밥과 반찬은 처해진 환경에 따르고

飢・주릴 기

厭・싫을 염

糟・술지게미 조

糠・겨 강

• 飢厭糟糠 : 배고프면 싫어도 술지게미와 쌀겨도 마다하지 않는다.

• 飽飫烹宰 : 배부르면 고기 요리도 물리고

飽・배부를 포

飫・배부를 어

烹・삶을 팽

宰・재상 재

老少異粮 : 늙고 젊음에 따라 음식(飮食)을 다르게 한다.

親戚故舊 : 친척(親戚)과 어릴 적 친구(親舊)는

老 · 늙을 로
少 · 젊을 소
異 · 다를 이
粮 · 곡식 량

親 · 친할 친
戚 · 겨레 척
故 · 옛 고
舊 · 옛 구

侍・모실 시
巾・수건 건
帷・장막 유
房・방 방

妾・첩 첩
御・모실 어
績・길쌈 적
紡・길쌈 방

● 侍巾帷房 : 휘장(揮帳) 친 안방에서 수건(手巾)을 들어 시중든다.

● 妾御績紡 : 첩(妾)과 시녀(侍女)는 길쌈을 하고

- 銀燭煒煌 :: 은촉대 촛불은 환하게 빛난다.
- 紈扇圓潔 :: 흰 비단(緋緞) 부채는 둥글고 깨끗하며

藍 · 쪽 **람**

笋 · 대순 **순**

象 · 코끼리 **상**

床 · 평상 **상**

畫 · 낮 **주**

眠 · 졸 **면**

夕 · 저녁 **석**

寐 · 잘 **매**

- 藍笋象床 : 대나무와 상아(象牙)로 꾸민 침상(寢床)이다.

- 畫眠夕寐 : 낮에 졸고 밤에 자니

接・이을 접
杯・잔 배
擧・들 거
觴・잔 상

絃・줄 현
歌・노래 가
酒・술 주
讌・잔치 연

• 接杯擧觴 : 잔을 잡고 두 손으로 들어 권한다.

• 絃歌酒讌 : 거문고와 노래와 술로 잔치를 여니

悅豫且康

矯手頓足

- 悅豫且康 : 기쁘고 즐거우며 또 편안(便安)하다.
- 矯手頓足 : 손을 들고 발을 구르며 춤을 추니

悅·기쁠 열
豫·먼저 예
且·또 차
康·편안할 강

矯·바로잡을 교
手·손 수
頓·가지런할 돈
足·발 족

祭祀蒸嘗 嫡後嗣續

- 祭·제사 **제**
- 祀·제사 **사**
- 蒸·찔 **증**
- 嘗·맛볼 **상**
- 嫡·맏 **적**
- 後·뒤 **후**
- 嗣·이을 **사**
- 續·이을 **속**

● 祭祀蒸嘗 : 제사(祭祀)에는 증(蒸)(겨울 제사)과 상(嘗)(가을 제사)이 있다.

● 嫡後嗣續 : 맏아들로 대(代)를 잇고

悚懼恐惶 : 두려워하고 두려워할 뿐이다.

稽顙再拜 : 이마를 조아려 두 번 절하고

悚 · 두려울 송
懼 · 두려울 구
恐 · 두려울 공
惶 · 두려울 황

稽 · 상고할 계
顙 · 이마 상
再 · 두 재
拜 · 절할 배

顧 · 돌아볼 **고**

答 · 답할 **답**

審 · 살필 **심**

詳 · 자세할 **상**

牋 · 편지 **전**

牒 · 편지 **첩**

簡 · 간략할 **간**

要 · 중요할 **요**

- 顧答審詳 :: 묻고 답(答)함은 살피고 자세(仔細)하여야 한다.

- 牋牒簡要 :: 편지(便紙)는 간단(簡單)하고 긴요(緊要)해야 하고

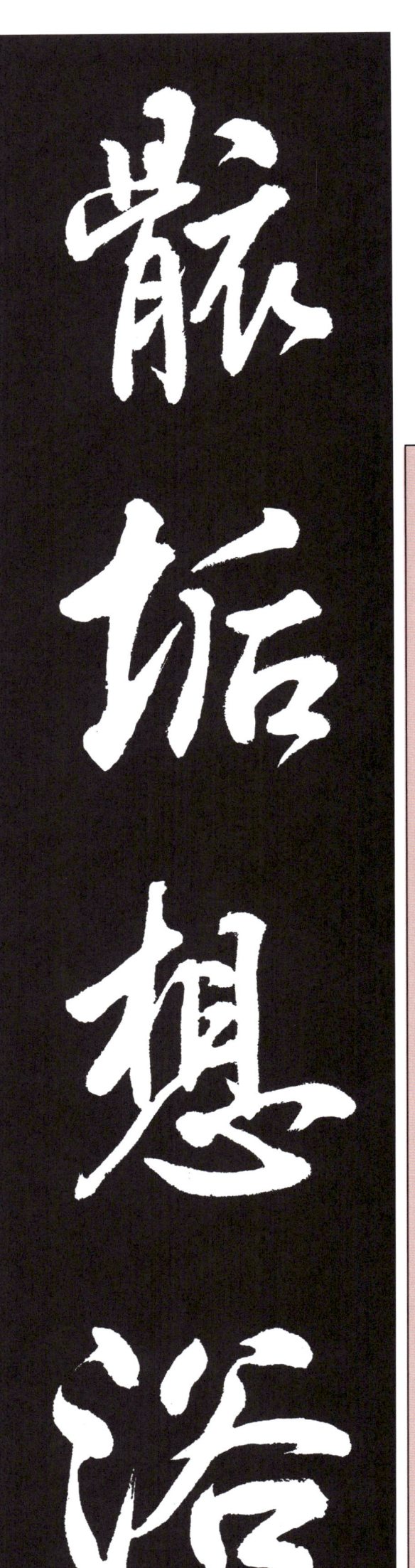

- 執熱願涼 : 뜨거운 것을 잡으면 시원한 것을 원한다.
- 骸垢想浴 : 몸에 때가 끼면 씻기를 생각하고

- 駭躍超驤 : 놀라 날뛰고 뛰어 달린다.
- 驢騾犢特 : 나귀와 노새와 송아지와 소가

捕・잡을 **포**	誅・벨 **주**
獲・얻을 **획**	斬・벨 **참**
叛・배반할 **반**	賊・도적 **적**
亡・도망 **망**	盜・도적 **도**

- **捕獲叛亡** : 배반(背反)하고 도망(逃亡)하는 자를 사로잡는다.
- **誅斬賊盜** : 역적(逆賊)과 도적(盜賊)을 베며

嵇琴阮嘯 布射僚丸

- 嵇琴阮嘯 : 혜강(嵇康)은 거문고를 잘 타고 완적(玩籍)은 휘파람을 잘 불었다.
- 布射僚丸 : 여포(呂布)는 활쏘기를 잘하였고 웅의요(熊宜僚)는 공을 잘 놀렸으며

嵇·산이름 혜
琴·거문고 금
阮·성 완
嘯·휘파람 소

布·베 포
射·쏠 사
僚·희롱할 요
丸·둥글 환

鈞・서른 근 **균**
巧・공교할 **교**
任・맡길 **임**
釣・낚시 **조**

恬・편안할 **념**
筆・붓 **필**
倫・인륜 **륜**
紙・종이 **지**

- 鈞巧任釣 : 마균(馬鈞)은 지남거(指南車)를 만들고 임공자(任公子)는 낚시를 만들었다.
- 恬筆倫紙 : 몽염(蒙恬)은 붓을 만들고 채륜(蔡倫)은 종이를 만들었고

釋 · 놓을 석
紛 · 어지러울 분
利 · 이로울 리
俗 · 풍속 속

並 · 아우를 병
皆 · 다 개
佳 · 아름다울 가
妙 · 묘할 묘

- 並皆佳妙 : 아울러 모두 아름답고 묘(妙)하였다.
- 釋紛利俗 : 어지러움을 풀고 세속(世俗)을 이롭게 하니

工 · 장인 **공**

嚬 · 찡그릴 **빈**

妍 · 고울 **연**

笑 · 웃음 **소**

毛 · 털 **모**

施 · 베풀 **시**

淑 · 맑을 **숙**

姿 · 모양 **자**

- 工嚬妍笑 : 찡그리고 웃는 모습이 예쁘고 고왔다. (笑와 咲는 같이 쓰는 字이다.)

- 毛施淑姿 : 모장(毛嬙)과 서시(西施)는 자태가 아름다워

羲 · 복희 **희**	年 · 해 **년**
暉 · 빛 **휘**	矢 · 화살 **시**
朗 · 밝을 **랑**	每 · 매양 **매**
曜 · 빛날 **요**	催 · 재촉할 **최**

- 羲暉朗曜 : 태양(太陽)은 밝게 빛난다.
- 年矢每催 : 세월(歲月)은 화살처럼 빠르고 늘 재촉하고

晦魄環照: 어둠과 밝음을 순환(循環)하면서 비춘다.

璇璣懸斡: 선기옥형(璇璣玉衡) 천체(天體) 관찰(觀察) 기구(器具)는 달려있는 채 돌고

俯 · 굽을 부
仰 · 우러를 앙
廊 · 행랑 랑
廟 · 사당 묘

矩 · 법 구
步 · 걸음 보
引 · 끌 인
領 · 옷깃 령

● 俯仰廊廟 : 낭묘(廊廟) 조정(朝廷)에 오르고 내린다.

● 矩步引領 : 걸음걸이를 바르게 하고 옷깃을 단정(端正)히 하고

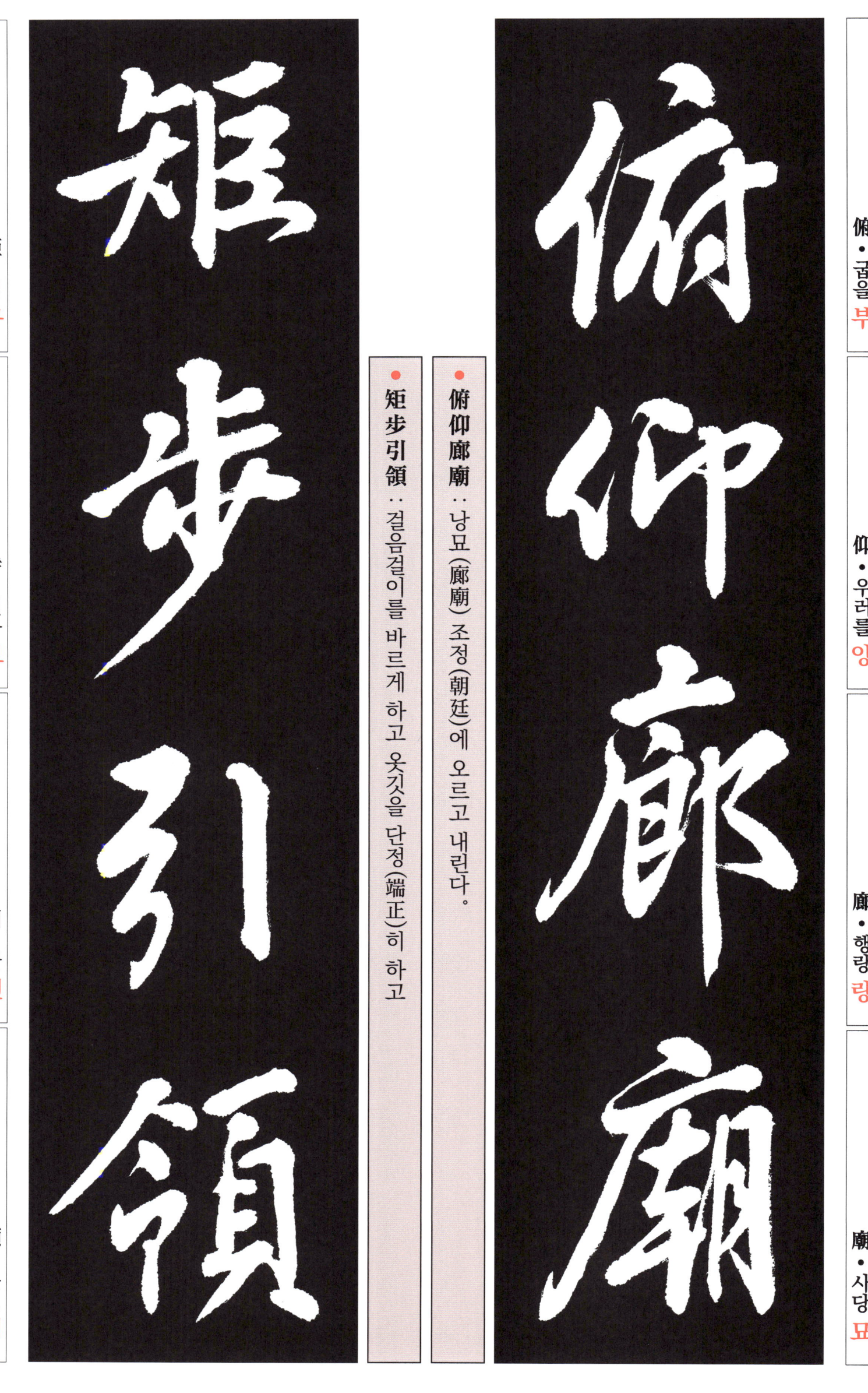

俳 · 어정거릴 배
佪 · 배회할 회
瞻 · 볼 첨
眺 · 바라볼 조

束 · 묶을 속
帶 · 띠 대
矜 · 자랑 긍
莊 · 씩씩할 장

- 俳佪瞻眺 : 배회(俳佪)함에 사람들이 우러러 쳐다본다.
- 束帶矜莊 : 띠를 묶은 것이 근엄(謹嚴)하고 장중(莊重)하며

愚・어리석을 우
蒙・어릴 몽
等・무리 등
誚・꾸짖을 초

孤・외로울 고
陋・더러울 루
寡・적을 과
聞・들을 문

● 愚蒙等誚 : 어리석고 몽매(蒙昧)한 무리들을 꾸짖는다.

● 孤陋寡聞 : 고루(孤陋)하고 견문(見聞)이 좁으며

焉·어조사 **언**

哉·어조사 **재**

乎·어조사 **호**

也·어조사 **야**

謂·이를 **위**

語·말씀 **어**

助·도울 **조**

者·놈 **자**

- 焉哉乎也 : 언(焉)·재(哉)·호(乎)·야(也)이다.
- 謂語助者 : 어조사(語助辭)라 이르는 것은

판권본사소유

千字文 ③
行書 千字文

2025년 4월 10일 초판 인쇄
2025년 4월 17일 1쇄 발행

저자_장대덕
발행인_손진하
발행처_❤ 돌섬오름
인쇄소_삼덕정판사

등록번호_8-20
등록일자_1976.4.15.

서울특별시 성북구 월곡로5길 34
#02797 TEL 941-5551~3
FAX 912-6007

잘못된 책은 교환해 드립니다.
본서 내용의 무단복사 및 복제를 법으로 금합니다.

값 : 15,000원

ISBN 978-89-7363-972-4 94640
ISBN 978-89-7363-719-5 (set)

二色印刷의 圖解와 說明을 담은 敎科書的 基礎筆法理論新書

書藝基礎筆法講座 시리즈

한글서예 교본 궁체 춘보 한양근 저
八切版·二○g 미색 모조·一五六面

基礎筆法講座 ① 楷書 九成宮醴泉銘―歐陽詢 張大德 編著
八切版·二色度·二○g 미색 모조·一四四面

基礎筆法講座 ② 楷書 顔勤禮碑―顔眞卿 張大德 編著
八切版·二色度·二○g 미색 모조·一六八面

基礎筆法講座 ③ 行書 集字聖教序―王羲之 張大德 編著
八切版·二色度·二○g 미색 모조·一六○面

基礎筆法講座 ④ 行書 蘭亭叙―王羲之 張大德 編著
八切版·二色度·二○g 미색 모조·一六八面

基礎筆法講座 ⑤ 隷書 漢曹全碑 張大德 編著
八切版·二色度·二○g 미색 모조·一六八面

基礎筆法講座 ⑥ 隷書 漢史晨碑 張大德 編著
八切版·二色度·二○g 미색 모조·一二○面

基礎筆法講座 ⑦ 楷書 張猛龍碑 張大德 編著
八切版·二色度·二○g 미색 모조·二○八面

近刊

擴大法書選集 시리즈

1. 楷書 九成宮醴泉銘―一(全三卷) 국전八切版·二○g 미색 모조·一二八面
2. 楷書 九成宮醴泉銘―二(全三卷) 국전八切版·二○g 미색 모조·一二八面
3. 楷書 九成宮醴泉銘―三(全三卷) 국전八切版·二○g 미색 모조·一二八面
4. 楷書 顔勤禮碑―一(全三卷) 국전八切版·二○g 미색 모조·一五六面
5. 楷書 顔勤禮碑―二(全三卷) 국전八切版·二○g 미색 모조·一五六面
6. 楷書 顔勤禮碑―三(全三卷) 국전八切版·二○g 미색 모조·一五四面
7. 行書 蘭亭叙―神龍半印本 국전八切版·二○g 미색 모조·一一六面
8. 行書 集字聖教序―一(全二卷) 국전八切版·二○g 미색 모조·一五六面
9. 行書 集字聖教序―二(全二卷) 국전八切版·二○g 미색 모조·一五二面

近刊

漢隷 10種 시리즈

1. 漢隷 漢史晨碑 국전八切版·二○g 미색 모조·一八○面
2. 漢隷 漢禮器碑 국전八切版·二○g 미색 모조·九六面
3. 漢隷 漢乙瑛碑 국전八切版·二○g 미색 모조·一二○面
4. 漢隷 漢華山碑 국전八切版·二○g 미색 모조·一三六面
5. 漢隷 漢曹全碑 국전八切版·二○g 미색 모조·一六○面
6. 漢隷 漢張遷碑 국전八切版·二○g 미색 모조·一二二面
7. 漢隷 漢石門頌 국전八切版·二○g 미색 모조·七八面
8. 漢隷 漢西狹頌 국전八切版·二○g 미색 모조·一○四面
9·10. 漢隷 漢婁壽碑·漢韓仁銘

동양화실기 시리즈

1. 四君子技法 최필선 저 국전八切版·二○g 스노우 화이트·一九二面

千字文 시리즈

1. 楷書 千字文 ㊤ 五百字 張大德 編著 八切版·二色度·二○g 미색 모조·一四四面
2. 楷書 千字文 ㊦ 五百字 張大德 編著 八切版·二色度·二○g 미색 모조·一四四面
3. 行書 千字文 張大德 編著 八切版·二色度·二○g 미색 모조·一四四面

小學行書體集 邢龍哲 編著 국전八切版·二○g 미색 모조·一四四面